Semillas

Grace Hansen

Abdo
ANATOMÍA DE UNA PLANTA
Kids

abdopublishing.com

Published by Abdo Kids, a division of ABDO, PO Box 398166, Minneapolis, Minnesota 55439.

Copyright © 2017 by Abdo Consulting Group, Inc. International copyrights reserved in all countries. No part of this book may be reproduced in any form without written permission from the publisher.

Printed in the United States of America, North Mankato, Minnesota.

102016

012017

 THIS BOOK CONTAINS
RECYCLED MATERIALS

Spanish Translator: Maria Puchol

Photo Credits: iStock, Science Source, Shutterstock

Production Contributors: Teddy Borth, Jennie Forsberg, Grace Hansen

Design Contributors: Laura Mitchell, Dorothy Toth

Publisher's Cataloging-in-Publication Data

Names: Hansen, Grace, author.

Title: Semillas / by Grace Hansen.

Other titles: Seeds. Spanish

Description: Minneapolis, MN : Abdo Kids, 2017. | Series: Anatomía de una
    planta | Includes bibliographical references and index.

Identifiers: LCCN 2016947826 | ISBN 9781624026614 (lib. bdq.) |
    ISBN 9781624028854 (ebook)

Subjects: LCSH: Seeds--Juvenile literature. | Spanish language materials--
    Juvenile literature.

Classification: DDC 575.6/8--dc23

LC record available at http://lccn.loc.gov/2016947826

Contenido

El trabajo de las semillas

La semilla tiene un solo trabajo. Hacer otra planta de su misma especie.

5

Partes de una semilla

La parte externa se llama cubierta y protege la parte interna de la semilla.

cubierta

semilla de girasol

cubierta

cubierta

castaña

**haba
común**

7

Dentro de cada semilla hay una diminuta planta. Esta planta se llama **embrión**. Los embriones necesitan agua, oxígeno y calor. ¡Con eso pueden crecer!

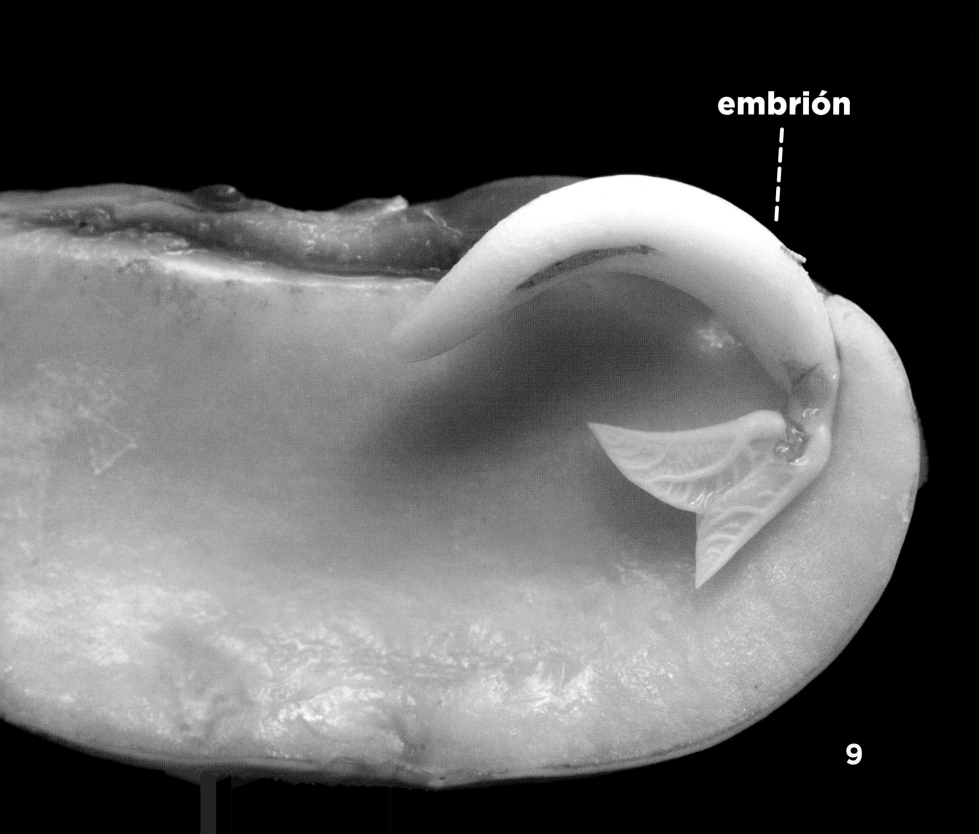

embrión

9

Crecimiento

Cuando el **embrión** crece, sale de la semilla. Esto se llama **germinación**.

La **radícula** es lo primero que sale de la semilla. La radícula es el principio de la raíz.

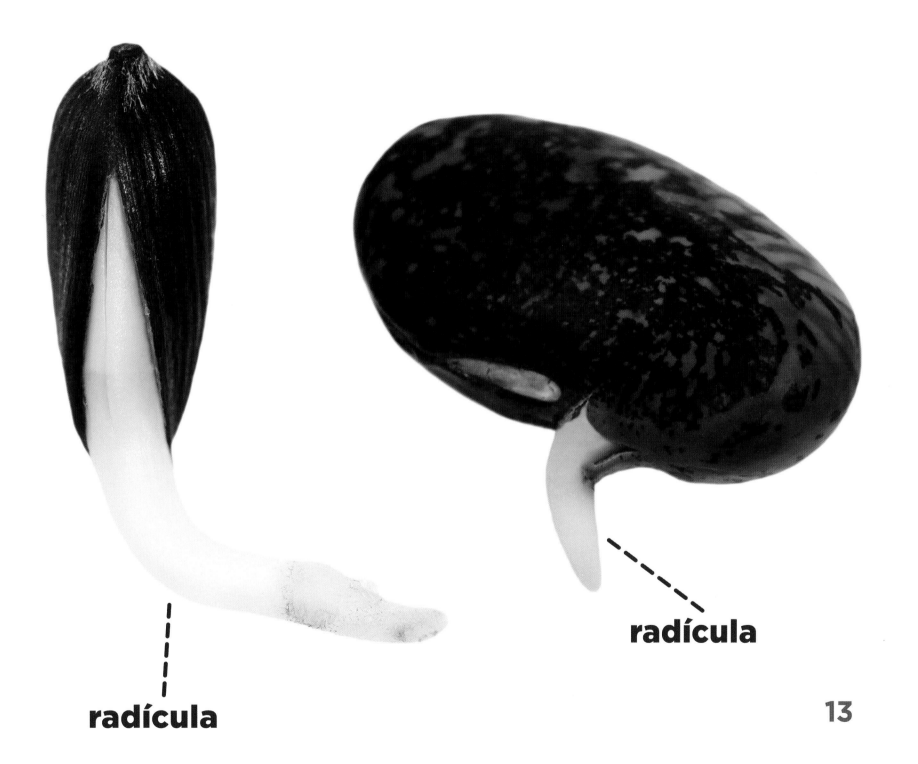

radícula

radícula

13

En algunos casos **brota** una ramita a continuación. Ésta se llama **plúmula**.

plúmula

radícula

15

El tallo y las hojas crecen

hacia el sol. Las hojas usan

su luz para producir alimento

para la planta.

17

Las raíces crecen hacia abajo.
Las raíces buscan agua y
alimento para la planta. Cuanto
más hacia abajo crecen, más
nutrientes encuentran.

19

Cuando la planta crece, a veces sale una flor. La flor va a hacer más semillas.

21

De semilla a planta

Germinación hipógea

plúmula

radícula

cotiledón

Germinación epígea

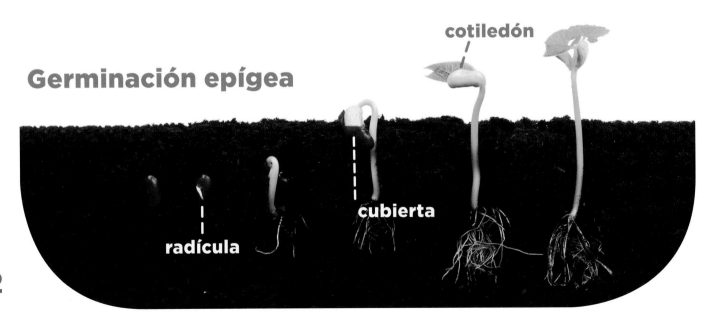

cotiledón

radícula

cubierta

22

Glosario

brotar – salir de la tierra o de una planta y hacerse visible.

cotiledón – primera hoja de una nueva planta. Alimenta la planta hasta que se forman las hojas de verdad.

embrión – planta en desarrollo contenida todavía en la semilla.

germinación epígea – germinación donde el cotiledón rompe la cubierta fuera de la tierra.

germinación hipógea – germinación donde el cotiledón permanence bajo tierra en su cubierta.

germinación – principio del crecimiento y desarrollo de una planta.

nutriente – alimento que ayuda a un desarrollo sano.

plúmula – principio de un tallo que crece de la semilla de una planta. Se convertirá en los tallos y en las hojas.

radícula – principio de raíz que sale de la semilla.

Índice

abdokids.com

¡Usa este código para entrar en abdokids.com y tener acceso a juegos, arte, videos y mucho más!

Código Abdo Kids:
PSK1392